ИГРАЕТ

ОБЛАКА

СЛ

РОСТОК

ЧИТАЮ

ОНИ

БАБУЛЯ

КНИГИ

СОЛНЦЕ

ДОМ

ФОТОГРАФ

ЛЕТИ!

ИДИ

МЯЧ

КОТ

ЛЕПИМ

Прочитаешь историю — поставь галочку:

- **Я вижу**
- **Я читаю**
- **Мотя**
- **Помощница**
- **Про Мишу**
- **Я рисую**
- **Мама**
- **Что растёт?**
- **Путешествие**
- **Профессии**

Молодец, переходи к книжке
«Целые предложения»!

СКОРОШКОЛА
СОВРЕМЕННАЯ МЕТОДИКА
для ПОДГОТОВКИ К ШКОЛЕ

ИСТОРИИ ДЛЯ ПЕРВОГО ЧТЕНИЯ

Я ЧИТАЮ САМ

МОСКВА
РОСМЭН
2024

Я ВИЖУ

Я вижу дома́,

реку,

небо,

тучу,

горы,

поле

и бабулю!

Я ЧИТАЮ

Я читаю книги,

газеты,

журналы,

вывески,

названия,

инструкции

и правила.

МОТЯ

Мотя играет,

лакает,

царапает,

ласкается,

спит,

крадётся

и карабкается.

ПОМОЩНИЦА

Берём.

Месим.

Тушим.

Раскатываем и лепим.

Печём.

Угощаем.

ПРО МИШУ

Иди!

Идёт.

Лети!

Летит.

Беги!

Бежит.

Пишу.

Я РИСУЮ

Я рисую дерево,

цветы,

бабочку,

облака,

солнце,

птицу.

Вот так пейзаж!

МАМА

Мама шьёт,

вышивает,

зашивает,

подшивает,

пришивает,

ушивает,

перешивает.

ЧТО РАСТЁТ?

Семечко.

Корни.

Росток.

Стебель.

Листики.

Бутоны.

Цветы.

ПУТЕШЕСТВИЕ

Поехали.

Подъехали.

Переехали.

Въехали.

Съехали.

Объехали.

Приехали.

ПРОФЕССИИ

Фотограф.

Регулировщик.

Экскурсовод.

Парикмахер.

Водопроводчик.

Архитектор.

Дирижёр.

Дорогие родители!

Чтение слогов и простых слов осталось позади — пришла пора перейти на следующий уровень. В этой книге представлены короткие и более длинные слова. Так ребёнок пополнит словарный запас и получит удовольствие от чтения.

Навык чтения — это не только умение складывать буквы в слова; важно научить ребёнка читать бегло и грамотно, соблюдая интонацию и смысловые ударения.

Мы подготовили список вопросов и заданий, которые помогут ребёнку понять прочитанное. Не забывайте, что обсуждение текстов способствует развитию навыка осознанного чтения. Благодаря этому он учится обращать внимание на смысл историй.

★ Не торопите ребёнка, делайте паузы, спрашивайте, показывая на картинку: «Что здесь происходит?» Прочитав историю, обсудите её и поделитесь впечатлениями.

Я ВИЖУ (С. 4)

- Какого цвета дома?
- Горы высокие или низкие?
- Как выглядит бабушка?

Обсудите с ребёнком, на каком транспорте можно отправиться в гости. **Вспомните**, какие виды транспорта существуют.

Спросите у малыша, чем отличается подземный транспорт от наземного. **При необходимости объясните ему значения слов**.

Я ЧИТАЮ (С. 8)

- Что девочка читала?
- Что было написано на вывесках?
- Что ты хочешь почитать?

Сравните книгу с газетой. Чем они похожи и чем отличаются друг от друга?

Расскажите ребёнку, какие газеты и журналы вы читали в детстве и почему они вам нравились.

МОТЯ (С. 12)

- Как зовут котика?
- Что умеет делать Мотя?
- Какого цвета у Моти шёрстка?

Попросите ребёнка составить рассказ о котёнке Моте. Если малыш запутается в словах, задайте ему наводящие вопросы:

- Как Мотя выглядит?
- Чем он питается?
- Чем он любит заниматься?

ПОМОЩНИЦА (С. 16)

- Что делали бабушка с внучкой?
- Где они готовили?
- Что они приготовили?

Сыграйте с ребёнком в словесную игру.

Если начинку сделали из картофеля, значит, она картофельная.

- Из лука — …
- Из ягод — …
- Из вишни — …
- Из мяса — …

ПРО МИШУ (С. 20)

- Кто учил мальчика ходить на с. 20?
- Что делал мальчик на с. 22 и 23?
- Какое слово он пишет на с. 23?

Сравните пары слов. Что между ними общего? Чем они отличаются друг от друга?

- Иди — идёт.
- Лети — летит.
- Беги — бежит.

Я РИСУЮ (С. 24)

- Что делал мальчик?
- Что он рисовал?
- Что мальчик нарисовал раньше: бабочку или птицу?

Уточните, знает ли ребёнок значение слова «пейзаж». Если нет, **объясните ему**, что это.

МАМА (С. 28)

- Что делает мама?
- Что мама использовала во время шитья?
- Человеку какой профессии нужны эти предметы?

Сыграйте с ребёнком в словесную игру.

Если платье сшили из хлопка, значит, оно хлопковое.

- Из шёлка — …
- Из вельвета — …
- Из кожи — …

ЧТО РАСТЁТ? (С. 32)

- Что делал мальчик?
- Как рос цветок?
- Какого цвета бутоны?

Вспомните, какие бывают цветы. Назовите свой любимый цветок и попросите малыша рассказать, какие цветы нравятся ему.

Сыграйте в словесную игру.

Тюльпаны — букет тюльпанов.

- Розы — букет …
- Васильки — букет …
- Пионы — букет …

ПУТЕШЕСТВИЕ (С. 36)

- На чём семья поехала в гости?
- К чему они подъехали?
- Через что они переехали?
- Куда они въехали?
- Откуда они съехали?
- Что они объехали?
- К кому они приехали?

Попросите ребёнка **рассказать** о том, как он ходил в гости к друзьям или родственникам. Помогите ему использовать как можно больше глаголов с приставками.

ПРОФЕССИИ (С. 40)

- Люди каких профессий изображены на картинках?
- Как ты думаешь, чем эти люди занимаются?
- Кем ты хочешь стать, когда вырастешь?

Прочитайте предложения вслух и **попросите** ребёнка повторить их:

- Фотограф фотографирует детей и их родителей.
- Регулировщик регулирует движение на перекрёстке у железнодорожного вокзала.
- Экскурсовод проводит экскурсию в картинной галерее.
- Парикмахер укладывает волосы в праздничную причёску.
- Водопроводчик чинит водопроводный кран.
- Архитектор проектирует дома.
- Дирижёр руководит оркестром.

УДК 373.29
ББК 74.100
М761

Издание для развивающего обучения
Для дошкольного возраста
Серия «СКОРОШКОЛА. Первое чтение»

Молчанова Елена Георгиевна
Я ЧИТАЮ САМ. ПРОСТЫЕ СЛОВА

Художник Л. В. Макарова

Дизайн обложки М. А. Созоновой

Руководитель направления О. А. Карякина
Ответственный редактор К. Ю. Седнева
Художественный редактор Е. А. Федулова
Технический редактор А. Т. Добрынина
Корректор И. С. Тимофеева

Подписано в печать 10.08.2024. Формат 70 × 90 1/16. Бумага офсетная.
Печать офсетная. Усл. печ. л. 3,51. Тираж 5000 экз. ID 42579. Заказ № 5252/24.

ООО «РОСМЭН».
Почтовый адрес: 125167, г. Москва, Ленинградский просп., д. 36, стр. 11.
Тел. (495) 933-71-30.
Юридический адрес: 117465, г. Москва, ул. Генерала Тюленева, д. 29, корп. 1,
1-й эт., пом. II, комн. 1, 2, 3.

0+
Знак информационной продукции согласно Федеральному закону от 29.12.2010 г. № 436-ФЗ

www.rosman.ru

ОТДЕЛ ПРОДАЖ: (495) 933-71-30.

Дата изготовления: сентябрь 2024 г. Отпечатано в России.

Дамытпалы оқытуға арналған басылым
Мектепке дейінгі жастағы балаларға арналған
Өндірілген күні: қыркүйек 2024.
Ресейде басылған.
Өндіруші: «РОСМЭН» ЖШҚ, Ресей, 117465, Мәскеу қ., Генерал Тюленев к., 29-үй, 1-корп., 1-қаб., II-жай, 1, 2, 3-бөл.
Наразылықтарды қабылдауға уәкілетті тұлға: «РОСМЭН» ЖШҚ.
Нақты мекен-жайы/пошталық мекен-жайы: Ресей, 125167, Мәскеу қ., Ленинград даңғылы, 36-үй, 11 құрылыс.
Тел. +7 (495) 933-71-30. www.rosman.ru
Тауар сертификатталған. КО ТР 007/2011 сәйкес келеді.

Отпечатано в соответствии с предоставленными
материалами в ООО «ИПК Парето-Принт», 170546,
Тверская область, Промышленная зона Боровлево-1,
комплекс №3А, www.pareto-print.ru

Молчанова, Елена Георгиевна.
М761 Я читаю сам. Простые слова / Е. Г. Молчанова ; худож. Л. Макарова. — М. : «РОСМЭН», 2024. — 48 с. : ил. — (СКОРОШКОЛА. Первое чтение).

В этой книге собраны короткие истории, которые прекрасно подойдут для первого чтения. Крупный шрифт комфортен для зрения, а милые персонажи запомнятся ребенку и не дадут ему заскучать. В конце вы найдете задания, выполнив которые ребенок пополнит предметный и глагольный словарь и разовьет навыки развернутого высказывания.

В серию «СКОРОШКОЛА. Первое чтение» входит 4 книги разного уровня сложности — от чтения слогов до небольших текстов. Книги предназначены для детей от 5 лет.

ISBN 978-5-353-11118-4

УДК 373.29
ББК 74.100

МАМА

ТИГР

РЕКА

УГОЩАЕМ

БЕГИ!

НЕБО

ЦВЕТЫ

МЕСИМ

ХВОСТ

ДАЧА

ШЬЁТ

ТУЧА

БУТОНЫ

РЕКА

ЦВЕТЫ

ЖУРНАЛ